LETTRE

DE M. ** A M. DE ******,

MEMBRE DE LA CHAMBRE POUR LE DÉPARTE-
MENT DE LA *******

Sur le système électif le plus convenable
à la Monarchie française.

26 Décembre 1815.

MONSIEUR,

Vous me demandez ce que je pense du projet de loi sur les élections. Je vais, pour répondre à vos vues, vous communiquer quelques vieilles idées sur le système électif en général.

La monarchie française se compose du Roi et de son peuple ; il s'agit donc des personnes et non du territoire : car le peuple français et son Roi pourraient se trouver hors du territoire actuel du royaume, qu'ils n'en seraient pas moins toute la monarchie.

Je ne fais toutefois cette supposition que

pour mieux faire sentir que nous avons à nous occuper essentiellement des individus.

Cependant l'on croit assez généralement que la propriété, et sur-tout la propriété foncière, doit être prise pour base de l'éligibilité, soit en ce qui concerne les électeurs, soit par rapport aux élus. Je veux bien ne pas contrarier cette opinion, mais en vous priant de remarquer que ce n'a jamais été qu'à titre d'une sorte de cautionnement, si je puis m'exprimer ainsi, que les exemples de l'inefficacité de ce moyen de responsabilité sont très-nombreux, et qu'il y en a de fort récens.

En effet, la condition de propriété déterminée par les lois organiques des élections n'a mis aucun obstacle à ce qu'une seule faction s'emparât des droits de la chambre dans la fameuse élection de l'usurpateur; comme elle a été impuissante pour empêcher les légistes de s'attribuer les huit douzièmes des nominations. Cette singularité, ou plutôt cette monstruosité politique, tout en prouvant que les hommes les mieux au fait des lois positives ne sont pas toujours les plus fidèles observateurs des convenances que le corps entier de la nation réclame aussi rigoureusement que ce que l'on nomme la société, démontre invinciblement le peu de poids de la responsabilité foncière dans la balance des grands intérêts de l'ordre social. Elle nous invite aussi à nous prémunir contre l'usurpation, par l'une ou l'autre des classes ou sections naturelles de la société, des droits qui appartiennent à toutes.

Comment donc faire, monsieur, pour éviter que les corps chargés des élections ne donnent, pour le malheur de la patrie, de nouveaux exemples de propension vers un sens, ou de déviation vers un autre? Et n'est-il pas à désirer sur-tout, pour hâter ce résultat de nos combinaisons politiques, que les corps électoraux soient nécessairement monarchiques dans leur institution, sans cesser d'être populaires par leur composition?

Je ne pense pas que le projet présenté remplisse ces conditions. J'applaudis bien sincèrement au vœu du ministre de voir les institutions actuelles se rattacher aux usages anciens de la monarchie. J'aime avec lui, et je désire vivement de voir unir les sermens d'aujourd'hui aux sermens mieux gardés par nos pères. Je reconnais aussi la justesse du principe de Montesquieu, que *dans une monarchie tous les pouvoirs doivent être subordonnés et dépendans,* ce qui me paraît ne devoir. s'entendre que du gouvernement, du commandement, de toutes les branches de l'administration, et du personnel des magistrats chargés du ministère public dans les tribunaux. Mais je ne crois pas que ce principe puisse s'adapter à l'élection qui n'est pas un pouvoir, mais un *droit* conféré par la charte, dont le *libre* exercice doit être soumis à des règles, sans qu'il puisse en aucune circonstance dépendre d'un *pouvoir*. Sans cette condition, ce que la charte a voulu conférer n'existerait plus.

Je me tiens honoré, monsieur, de penser souvent comme le ministre, et je me hâte d'applaudir à la suppression qu'il propose des assemblées primaires. M. le Cte. de Vaublanc est le seul ministre qui ait eu la franchise d'aborder loyalement cette question. Je n'adopte pas la suppression des colléges d'arrondissement que je crois utiles et non nuisibles, en ne leur conférant que le droit de présentation pour la chambre, et celui de nomination des membres des conseils d'arrondissement seulement ; car je suis convaincu, avec tous les bons esprits, que l'élection directe des membres de la chambre ne peut leur être confiée : les leçons du passé nous le défendent impérieusement pour l'avenir.

Mais que signifie ce nombre effroyable de colléges cantonnaux ? Après tant et de si funestes expériences, penserait-on encore qu'il puisse être nécessaire d'admettre, même fictivement, la masse du peuple dans les grands. actes de la représentation (1) ? Le temps enfin n'est-il pas arrivé de travailler pour cette masse, sous l'égide du

---

(1) Pour éviter toute interprétation hasardée, je dois m'empresser d'expliquer l'acception que je donne aux móts *représentation, élection* et *députation*. La représentation me paraît devoir appartenir exclusivement aux colléges et aux corps électoraux, soit qu'ils présentent, soit qu'ils nomment. L'élection légalement opérée donne aux élus le droit de siéger à la chambre dont ils sont membres, sans être ni représentans, ni députés. La dénomination de députés ne me paraît convenir qu'à certains envoyés extraordinaires des conseils généraux, des villes, corporations, etc., autorisés à présenter au Roi des félicitations et des vœux en certaines circonstances, ou envoyés pour réclamer sa justice. Les membres de la chambre ne sont pas plus députés que MM. les Pairs : ne recevant aucun mandat, comme ils ne sont tenus de rendre aucun compte, ce serait encore à tort qu'ils prendraient le titre de mandataires.

gouvernement de nos pères, sans oublier jamais que le peuple est inhabile à se procurer le bonheur, quand il veut s'en occuper luimême ! Si les colléges cantonnaux étaient admissibles, ce ne pourrait être qu'à l'aide de moyens de la nature de ceux que le ministre propose ; mais, je le répète, ils sont inadmissibles : et sans doute il vaut beaucoup mieux remplacer une institution que de l'adopter vicieuse.

Je vois bien, monsieur, qu'il est impossible de se passer des colléges électoraux de département. Mais ceux que propose le ministre sont à peu près les anciens, soumis à toutes les influences fâcheuses que l'on a pu y remarquer. Comment ces colléges, composés de propriétaires qui arrivent là par le seul droit de leur portion du sol, représentent-ils le corps de la nation, dans toutes ses classes naturelles, mieux qu'ils ne l'ont fait jusqu'à présent ? quelle garantie offrentils à la monarchie, plus assurée que celle qu'ils ont précédemment offerte ? et sur-tout quelle réunion plus complette de connaissances, de talens et de lumières apportentils à la chambre ? Il est vrai que, pour obvier aux défauts, le projet introduit de droit dans ces colléges des fonctionnaires, des ecclésiastiques, des magistrats de l'ordre judiciaire, des membres de l'université, etc. Aurait-on oublié que tous ces fonctionnaires, les ecclésiastiques exceptés, se trouvaient individuellement dans les nouveaux colléges? que, confondus dans la foule des électeurs, ils n'avaient aucune influence; que les meneurs, et il y aura toujours des meneurs, se gardent bien de travailler dans l'intérieur des colléges assemblés; qu'ils ourdissent au contraire leurs trames au dehors, et que souvent tout est fait en matière d'élection, avant l'ouverture de la première séance. On peut appliquer à ces sourdes menées les mots du ministre, quand il parle de votes commandés par des individus à d'autres individus, plus exactement encore qu'aux assemblées primaires.

Ces additions légales sont sans doute autrement respectables que celles que l'on a été forcé de faire au moment même de la réunion des colléges, pour éviter de grands maux; mais elles sont toujours fâcheuses et tendent à décéler aux yeux de l'Europe qui nous regarde, des vices radicaux dont je crois, sinon l'anéantissement, au moins l'amoindrissement facile par d'autres moyens.

(8)

Je dois m'empresser d'avouer, monsieur, que, si je reconnais l'utilité des accessoires du projet, pour que les colléges qu'il institue marchent avec une certaine régularité ; si j'admets ces colléges jusqu'à un certain point, je déclare ne rien comprendre à la nécessité de les comprimer. Il ne faut point de colléges électoraux, si l'on ne peut compter sur la légitimité de leurs choix qu'autant qu'ils seront comprimés. Droit d'élection conféré par la charte et compression du corps électoral établi pour l'exercice de ce droit, présentent à mon esprit deux idées que je ne puis accorder entre elles. J'avoue franchement que j'aimerais mieux la monarchie pure et les trois ordres de 1788 (1).

Tâchons s'il se peut de construire de manière à ne pas laisser entrevoir que nos édifices aient besoin d'étaies, de contre-forts préparés à l'avance ; sondons le terrain

---

(1) Ce mot échappé ne peut être un sujet de reproche. La vie entière du ministre et dix ans d'une administration paternelle la plus avare de moyens coactifs, m'auraient commandé un respectueux silence, si je n'étais certain que S. E. appelle elle-même, de tous ses vœux, tout ce qui peut rendre la loi organique des élections digne de son important objet.

profondément, appuyons les premières as-
sises sur le roc, et bâtissons ensuite avec
des quartiers de marbre qui se maintiennent
unis par la seule juxtaposition des faces
des blocs ; établissons des institutions qui
d'elles-mêmes soient propres à former des
sujets fidèles : il se préparera tout naturellement une pépinière innombrable de fonctionnaires dévoués. Forçons les fonctionnaires à servir le gouvernement avec zèle,
à administrer les peuples avec fermeté, in-
tégrité et désintéressement ; honorons-les
quand ils sont tels : mais sachons nous passer
d'eux quand il s'agit d'aimer le Roi, de le
servir et de maintenir les principes fonda-
mentaux de la monarchie. Le Roi est le père
de tous ses sujets : il n'est souvent que le
maître de la plupart des fonctionnaires !

Vous m'avez demandé, monsieur, mon
opinion ; ce que je viens de dire en est le
préliminaire : nous allons maintenant, puisque vous le voulez, entamer la question de
l'exercice du droit d'élection comme je l'entends possible, suffisamment utile et non
nuisible, d'après la composition actuelle
de la grande famille des Français.

Les sujets du Roi sont ou propriétaires-
fonciers vivant principalement du revenu

de leurs terres, ou membres du clergé, ou légistes, ou commerçans et manufacturiers, ou membres du corps enseignant, savans, si vous l'aimez mieux. Voilà, monsieur, cinq classes ou sections distinctes dans le personnel de la monarchie, et qui toutes sont naturelles et permanentes. Il serait difficile d'y en ajouter une autre, à moins d'admettre la classe des militaires, ce que je n'ai pas dû faire·; les militaires sous les armes ne sont qu'obéissans : comme ci-toyens, ils sont appelés à la première classe.

Puisque l'observation nous apprend que les Français sont naturellement divisés en cinq classes ou sections, il me semble démontré que, pour que l'élection soit parfaite autant qu'il est humainement possible d'y parvenir, il est de toute nécessité que chacune d'elles non-seulement soit appelée à y concourir, mais encore y contribue effectivement.

D'un autre côté, nous avons acquis l'expérience fâcheuse qu'un collége électoral unique, contenant toutes les classes confusément et sans proportion, permet des manœuvres au moyen desquelles une seule classe peut s'emparer de la totalité des droits qui appartiennent à toutes, en se conformant même aux lois réglementaires.

Il me paraît donc indispensable que le législateur règle par une loi spéciale l'exercice du droit d'élection conféré par la charte, en prescrivant pour chaque classe ou section un mode particulier, avec attribution d'un nombre déterminé de membres de la chambre. Ce réglement n'est peut-être pas si difficile à établir qu'on serait tenté de le croire au premier aperçu.

Les droits des propriétaires fonciers me paraissent devoir être établis sur l'importance de l'industrie agricole, celles des branches d'utilité générale qui en dépendent, et de tous les intérêts qui s'y rattachent. J'aime mieux considérer sous ce véritable aspect la classe la plus nombreuse et la plus précieuse de la grande famille, que d'estimer froidement, avec les partisans d'anciens systèmes trop souvent renouvellés, son degré d'utilité pour l'état, par la valeur du cautionnement moral que peuvent offrir ses capitaux fonciers. Cette classe a souvent eu à souffrir de l'application vicieuse des principes d'une secte de publicistes, au grand détriment de la prospérité publique; elle est d'ailleurs si facilement vulnérable, qu'aucun orage politique ne passe sans lui porter atteinte. Ses droits à donner des membres à la chambre, me paraissent bien supérieurs à ceux de toute autre classe ; et tout en prenant les moyens de lui assurer la possibilité d'occuper les trois quarts de l'élection, je crains fortement qu'elle n'en obtienne jamais qu'une moindre part.

Les droits de la deuxième classe, le clergé, sont sacrés, et l'Europe doit être étonnée de voir que dans la monarchie très-chrétienne, il ne se trouve parmi les membres de la chambre aucun français habile à entendre et discuter des matières religieuses, s'il arrivait que les ministres eussent à faire des communications de cette nature. Sans doute je n'entends point parler ici de religion proprement dite, il ne peut en être question dans nos assemblées ; mais le personnel des ecclésiastiques, leurs rapports avec les fonctionnaires du gouvernement et les fractions du peuple, le service des églises, les considérations relatives à la morale religieuse, et, le dirai-je enfin, monsieur? la décence nationale, exigent que le clergé soit présent à la chambre et qu'il y soit *nécessairement,* sans pouvoir y être trop nombreux.

Les droits de la troisième classe, les légistes, sont également incontestables. Quoique les lois positives soient assez nombreuses et qu'il y ait peu de cas qui, à l'aide de l'équité, ne puissent être jugés par elles, la rédaction des lois d'administration réclame les lumières des légistes; mais, instruit par une funeste expérience, ce n'est pas pour la favoriser que je propose d'accorder à la troisième classe une élection directe : c'est le résultat contraire que je désire. Il faut enfin que, par quelque réglement rattaché à la charte, on fasse finir un abus qui est un véritable scandale pour toute l'Europe; il faut mettre un frein à cette ardente convoitise des légistes, qui les a constamment placés en majorité dans les assemblées, notamment en 1789 et dans la fameuse assemblée de l'usurpateur : je me tais sur les conséquences.

Je devrais, monsieur, vous parler maintenant des droits de la quatrième classe, les commerçans et manufacturiers. Avant de nous en occuper, je vous demande la permission d'examiner des droits spéciaux qui me paraissent très-recommandables, et pouvoir être cumulés peut-être avec ceux de cette classe. Ces droits sont ceux de

certaines associations naturelles et permanentes, auxquelles il me paraît que l'on n'a
pas eu assez d'égard dans l'établissement
régulier du système électif, et qui, dans
ma manière de voir, ne peuvent avoir trop
d'influence dans les affaires générales de
la monarchie française : ces associations
sont les villes.

La démence révolutionnaire a privé les
villes de toutes leurs prérogatives qui, pour
la plupart, n'étaient pas des priviléges, mais
de véritables droits consacrés par des traités
solennels ou garantis par l'auguste parole
des Rois. Parties principales du corps politique, elles ont dû tomber avec les pro-
vinces et toutes les institutions monarchiques (1). Réduites sous l'usurpateur à la
condition des derniers hameaux, soumises
à la même oppression, condamnées à une
égale nullité, à peine les villes ont-elles
conservé quelque faible reste d'une splen-
deur qui se liait si étroitement à la gloire
de la monarchie ou quelques souvenirs
d'antiques usages, sources vénérables de
toute législation. Cependant quelles asso-

____

(1) Quand je dis ville, province, etc., j'entends
état provincial, corps municipal, etc.

ciations réclameraient à plus juste titre l'attention bienveillante des gouvernemens? les villes sont les dépositaires des insignes de la fidélité, des garanties du commerce, des théories des arts. C'est dans les villes que naît et se perpétue l'opinion, cette puissante conservatrice des empires par l'honneur et les vertus publiques qui forment son cortége. Les villes sont-elles fidèles, heureuses? tout est heurenx et fidèle autour d'elles. Il est temps qu'une salutaire manumission rende aux villes les moyens d'être utiles au Prince, à l'état et à leurs propres citoyens. Le premier et le plus puissant de ces moyens me paraît être la concession du droit d'élection directe. Je ne crains pas de prédire que l'instant où les villes obtiendraient cette faveur, verrait s'ouvrir mille sources nouvelles de prospérité nationale.

Mon intention n'est pas, monsieur, de proposer pour les villes une sixième classe; je crois qu'on peut facilement réunir à leurs droits ceux du commerce dont les intérêts se confondent sous de nombreux rapports avec ceux des villes. Nous n'aurions donc que cinq classes; les commerçans et les villes étant comptés pour une. Il est aussi entendu que les bonnes villes seulement paraissent, quant à présent, être seules susceptibles de l'attribution du droit, et que d'autres ne pourraient l'acquérir qu'en vertu d'une ordonnance du Roi. Des considérations particulières, dans l'intérêt du commerce, pourraient aussi engager S. M. à conférer le droit d'élection directe à quelques villes manufacturières qui ne se trouveraient pas au nombre des bonnes villes.

Je vais maintenant, monsieur, diviser le droit d'élection de la manière qui me paraît la plus convenable entre les cinq classes ou sections naturelles de la grande famille.

En supposant le nombre des membres de la chambre de quatre cent un, je les distribuerais de la manière suivante :

1º. A la classe des propriétaires. 300

2º. Au clergé. 20

Plus deux pour les deux religions
    réformées. 2

3º. Aux légistes. 30

4º. Aux membres du corps enseignant, ou savans 20

5º. Aux villes, commerçans et manufacturiers. 29

————

Total. 401

Vous remarquerez, monsieur, comme une circonstance heureuse, que cette division du quatrième quart de la députation se rapporte exactement au nombre actuel des métropoles, des bonnes villes, et des cours royales, sans qu'il y ait plus ni moins. Et si vous voulez prendre la peine de peser les raisons pour et contre, vous serez bientôt convaincu que cette distribution est propre à contenter toutes les classes, sans en affliger aucune, et qu'elle atteint le but ; que je me suis proposé de donner aux ministres du Roi la certitude que, quelles que soient les communications qu'ils aient à faire à la chambre, il s'y trouverait toujours quelqu'un pour les entendre et, au besoin, y répondre.

Maintenant, monsieur, la grande affaire est de faire marcher toute cette composition et de lui donner les moyens d'opérer. Vous allez voir que rien ne serait plus facile, plus simple, plus naturel et sur-tout plus éminemment monarchique, sans cesser d'être populaire, et sans compression aucune.

Il y aurait un collége électoral par département ; il serait de 250 membres au plus, et de 150 au moins : ses membres seraient *nommés la première fois par le Roi*, et à l'avenir *complétés par les conseils généraux.* Dans tous les cas, les membres des colléges électoraux seraient pris sur la liste des six cents plus imposés, domiciliés dans le département. Cette liste, formée par l'administration supérieure, comprendrait nécessairement les citoyens qui auraient eu le droit d'en faire partie en 1789, et qui, quoiqu'ayant perdu leur droit de territoire par la révolution et par elle seule, ne peuvent être réduits à la condition des *prolétaires*. Les fonctions de ces colléges seraient de choisir les membres de la chambre à nommer par la classe des propriétaires, de la manière déterminée par la loi ; ils seraient tenus d'en choisir moitié sur les listes de présentation des colléges d'arrondissement, et moitié dans toute la France. Ils nommeraient également pour les villes sur une liste double présentée par les conseils municipaux. Ils choisiraient les membres du conseil général. La loi organique pourrait statuer que chaque canton du département devra être représenté au collége électoral, quoique cette disposition ne me paraisse pas nécessaire. Les présidens des colléges électoraux seraient nommés par le Roi.

Les colléges d'arrondissement présenteraint au collége électoral une liste de candidats à la chambre égale au nombre fixé par la loi pour la classe des propriétaires. Ils nommeraient les membres du conseil d'arrondissement. Les présidens des colléges d'arrondissement seraient nommés par le Roi. Les membres de ces colléges seraient pris dans la liste des trois cents plus imposés de l'arrondissement, établie par les soins de l'administration supérieure.

Les chapitres métropolitains, auxquels seraient adjoints deux membres de chaque chapitre suffragant, les curés des paroisses de la ville métropole et les supérieurs de ses séminaires nommeraient les membres ecclésiastiques de la chambre. Chaque chapitre en nommerait deux dont un serait nécessairement pris au dehors et dans l'un des diocèses suffragans. Le chapitre métropolitain de Paris en nommerait quatre dont deux de deux diocèses suffragans. L'archevêque présiderait l'assemblée.

Les églises réformées nommeraient directement par leurs consistoires généraux.

Les membres de la classe des légistes seraient nommés par les cours royales, un par chaque cour, trois par celle de Paris. Pour l'élection, les membres du tribunal de première instance et les six plus anciens de l'ordre des avocats feraient partie de l'assemblée. Le procureur-général ne pourrait être présent. A Paris, les dix-huit plus anciens avocats prendraient séance.

Les conseils-généraux des villes qui jouissent de la prérogative d'être présentes par leur maire au sacre du Roi, Paris excepté, et celles qui l'obtiendraient à l'avenir, présenteraient au collége électoral de leur département une liste de deux candidats dont l'un serait nécessairement pris hors du conseil et du corps municipal. Pour l'élection, les adjoints du maire, six membres de la chambre de commerce, s'il en existe une, deux membres de la commission des hospices et deux du bureau de bienfaisance se réuniraient au conseil. La séance serait présidée par le doyen du conseil municipal ; le maire n'en ferait pas partie.

Si l'ensemble des corps préposés à l'instruction était définitivement constitué, j'indiquerais peut-être un mode différent de celui que je suis forcé d'adopter aujourd'hui pour l'élection des membres de la cinquième classe. Mais le moyen supplétif que je propose, est si respectable et tout à la fois si convenable, qu'il serait possible qu'en tout état de cause il obtînt la préférence.

Les membres de la cinquième classe, les savans, seraient nommés par l'institut royal de France, toutes les classes réunies. Pour l'élection, les fonctionnaires du conseil général de l'instruction publique, ou de tout autre corps qui en exercerait les fonctions, les inspecteurs généraux des études et les recteurs des facultés de Paris prendraient séance. La moitié de l'élection serait nécessairement prise hors Paris, l'institut et l'université de Paris, dans toute la France. Le président de l'assemblée serait nommé par le Roi pour chaque session.

Voilà, monsieur, mes observations sur le projet de loi proposé. J'ose me flatter que, sans que vous adoptiez toutes mes idées, qui sans doute sont susceptibles de beaucoup de rectifications, vous serez au moins convaincu que la France obtiendrait par le moyen que je propose, une véritable chambre moins soumise que tout ce que nous avons vu jusqu'à ce jour à diverses influences ; un corps politique enfin dont tous les membres seraient entièrement et constamment dévoués au Roi et à la monarchie. Je désire, monsieur, que mon édifice vous paraisse construit sans chevilles ni étaies permanentes, ni pièces de rapport ou de raccordement. L'architecte vous livre son ouvrage sans autre dessein que celui de vous prouver qu'il a fait quelque étude de l'importante matière sur laquelle vous avez bien voulu le consulter.

Il croit que la certitude que les ministres du Roi trouveraient toujours dans l'assemblée quelqu'un qui soit en état de comprendre leurs communications en quelque matière que ce soit, serait un bien précieux avantage qu'aucun autre projet ne présente aussi sûrement, puisqu'il est le seul qui assure à toutes les sections naturelles de la société leurs droits individuels d'être présentes à la chambre.

Voilà, monsieur, ce que je rêvais hier, ce que je vous envoie aujourd'hui, et ce à quoi je ne pense déjà plus.

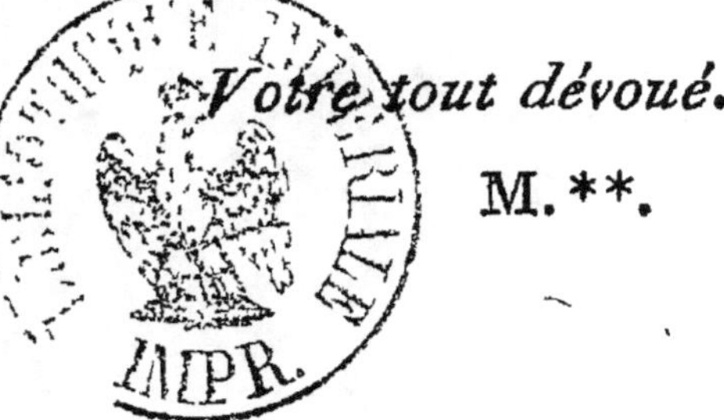

Votre tout dévoué.

M.**.

A METZ, DE L'IMPRIMERIE DE C. LAMORT.